To the Reader . . .

The books in this series include Hispanics from the United States, Spain, and Latin America, as well as from other countries. Just as your parents and teachers play an important role in your life today, the people in these books have been important in shaping the world in which you live today. Many of these Hispanics lived long ago and far away. They discovered new lands, built settlements, fought for freedom, made laws, wrote books, and produced great works of art. All of these contributions were a part of the development of the United States and its rich and varied cultural heritage.

These Hispanics had one thing in common. They had goals, and they did whatever was necessary to achieve those goals, often against great odds. What we see in these people are dedicated, energetic men and women who had the ability to change the world to make it a better place. They can be your role models. Enjoy these books and learn from their examples.

Frank de Varona
General Consulting Editor

General Consulting Editor
Frank de Varona
Associate Superintendent
Bureau of Education
Dade County, Florida, Public Schools

Consultant and Translator
Gloria Contreras
Professor of Social Studies
College of Education
North Texas State University

Library of Congress number: 88-39174

Library of Congress Cataloging in Publication Data

Thompson, Kathleen
    Jose Marti / Kathleen Thompson & Jan Gleiter.
    —(Raintree Hispanic stories)
    English and Spanish.
    Summary: A biography of the Cuban patriot, author, and journalist, who dedicated his life to Cuba's struggle for independence from Spain.
    1. Martí, José, 1853–1895—Juvenile literature. 2. Cuba—History—1878–1895—Juvenile literature. 3. Revolutionists—Cuba—Biography—Juvenile literature. 4. Authors, Cuban—19th century—Biography—Juvenile literature. [1. Martí, José, 1853–1895. 2. Revolutionists. 3. Authors, Cuban. 4. Spanish language materials—Bilingual.] I. Gleiter, Jan, 1947– . II. Title. III. Series: Thompson, Kathleen. Raintree Hispanic stories.
F1783.M38T44   1988   972.91'05'0924—dc19 [B] [92]   88-39174

ISBN 0-8172-2906-X   hardcover library binding
ISBN 0-8114-6761-9   softcover binding

   4 5 6 7 8 9 0   96 95 94 93 92

JOSÉ MARTÍ

Jan Gleiter and Kathleen Thompson
Illustrated by Les Didier

RAINTREE
STECK-VAUGHN
L I B R A R Y
A Division of Steck-Vaughn Company

I know of one great sorrow
Among the nameless ones:
The world's enormous sorrow
Is human slavery!

Yo sé de un pesar profundo
entre las penas sin nombres:
¡la esclavitud de los hombres
es la gran pena del mundo!

5

José Martí was born in Cuba in 1853, about ten years before the Civil War in the United States. He was called Pepe, and his family was poor. This was not unusual, since a great many people in Cuba were poor. Pepe's parents had come to Cuba from Spain, looking for a better life. They did not find it. This, too, was not unusual.

José Martí nació en Cuba en 1853, casi diez años antes de la Guerra Civil Americana. Le llamaban Pepe y su familia era pobre. Esto no era raro pues una gran parte de la gente de Cuba era pobre. Los padres de Pepe habían llegado a Cuba desde España buscando una vida mejor. Ellos no la encontraron. Esto, tampoco era raro.

Pepe's godfather paid for him to go to school. When Pepe was thirteen, he entered the Colegio de San Pablo. The director of the school was a poet and journalist who was dedicated to making a better world. His name was Rafael María de Mendive. He was Pepe's teacher. Then one day, the Spanish, who ruled Cuba at the time, came and took Mendive to prison. They said he had attended a political rally. That was a crime in Cuba at that time. Pepe visited Mendive in prison and never forgot that experience.

El padrino de Pepe pagó para que él fuera a la escuela. Cuando Pepe tenía trece años entró al colegio de San Pablo. El director de la escuela era poeta y periodista dedicado a hacer un mundo mejor. Su nombre era Rafael María de Mendive. El era el maestro de Pepe. Un día, los españoles que gobernaban a Cuba en ese tiempo, tomaron preso a Mendive. Ellos dijeron que había asistido a una junta política. Eso era un crimen en Cuba en ese tiempo. Pepe visitó a Mendive en la prisión y nunca olvidó esa experiencia.

In 1868, a revolution broke out in Cuba. It was called the Ten Years' War. Pepe was only fifteen, too young to join the freedom fighters. But he wrote a long poem about the glories of the revolution, and it was published in a revolutionary newspaper. Then the Spanish found a letter that Pepe and his best friend, Fermín Valdés, had written, showing that they were in favor of the revolution. Pepe and Fermín were arrested.

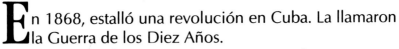

En 1868, estalló una revolución en Cuba. La llamaron la Guerra de los Diez Años.

Pepe tenía solamente quince años, muy joven para pelear por la libertad. Pero escribió una poesía muy larga sobre la gloria de la revolución y fue publicada en un periódico revolucionario. Entonces los españoles encontraron una carta que Pepe y su mejor amigo Fermín Valdés habían escrito, indicando que estaban a favor de la revolución. Pepe y Fermín fueron arrestados.

The two boys spent four and a half months in the Havana jail before they were put on trial. Then Fermín was sentenced to six months in prison. Pepe was sentenced to six years at hard labor. He went to break rocks in the government quarries.

At the age of sixteen, Pepe spent six months in the blazing sun doing work that would have broken a strong man. Because his father had friends in the army, he was then moved to a regular prison. But he had already gone half blind. And he had an injury that would cause him trouble all his life. He got the injury when a guard hit him with a chain.

Los dos jóvenes estuvieron en la cárcel de La Habana cuatro meses y medio antes de ser juzgados. Entonces Fermín fue sentenciado a seis meses de prisión. Pepe fue sentenciado a seis años de trabajo pesado. Lo mandaron a picar piedras a una cantera del gobierno.

A los dieciséis años Pepe ya había pasado seis meses haciendo el trabajo bajo un sol ardiente, que hubiera desmoronado hasta a un hombre vigoroso. Como su padre tenía amigos en el ejército, lo pudieron cambiar a una prisión común. Pero ya casi estaba ciego. Y tenía una herida que le causaría problemas durante toda su vida. Un guardia lo hirió al golpearlo con una cadena.

In 1871, the Spanish let Pepe out of prison. But they exiled him to Spain. At eighteen, Pepe left his family and his beloved country. He would see Cuba again only twice before he came back to fight and die for its freedom.

In Spain, he went to school. He earned a high school diploma and a law degree. He also continued to write. One of the first things he wrote was an angry article about the treatment of political prisoners in Cuba. The article clearly showed that Martí knew what he was writing about. It also showed that he had the makings of a great writer.

En 1871, los españoles dejaron salir a Pepe de prisión. Lo mandaron exiliado a España. A los dieciocho años, Pepe dejó a su familia y a su querida patria. Vería Cuba nuevamente sólo dos veces antes de regresar a pelear y morir por la libertad.

Pepe fue a la universidad en España. Allí obtuvo un diploma de bachillerato y un título de abogado. También siguió escribiendo. Uno de los primeros artículos que escribió, fue uno donde mencionaba que estaba disgustado por el trato que los prisioneros políticos recibían en Cuba. El artículo demostraba claramente que Martí sabía acerca de lo que escribía. También demostró que tenía talento para ser un gran escritor.

For a long time, Martí hoped that if Spain became a republic Cuba would be treated well. In that case, perhaps Cuba would not need to be completely independent of Spain. Then, on November 27, 1871, a large group of medical students was taken captive in Cuba. According to the government, they had been disrespectful to the grave of a pro-Spanish newspaper editor. Eight of the students were shot to death. Thirty others were sentenced to chain gangs. Martí gave up all hope of Cuba's living peacefully with Spain. Cuba must be free.

Por mucho tiempo, Martí tuvo la esperanza de que si España se convertía en república, Cuba recibiría un buen trato. En ese caso, tal vez no fuera necesario que Cuba se independizara de España completamente. Así el 27 de noviembre de 1871, un gran grupo de estudiantes de medicina fueron apresados en Cuba. Según el gobierno habían profanado la tumba del editor de un periódico que favorecía a los españoles. Ocho de los estudiantes fueron fusilados. Otros treinta fueron sentenciados a cuadrilla encadenada. Martí perdió las esperanzas de que Cuba viviera en paz con España. Cuba debía ser libre.

17

In 1875, when Martí was twenty-two years old, he was allowed to leave Spain. But he was still not allowed to go back to Cuba. So he moved to Mexico. There, he could join his family and be close to his country.

In Mexico, Martí became well known as a speaker and as a journalist. He wrote a successful play that was performed in Mexico City. He became part of a famous literary group. Martí met a Cuban woman, Carmen Zayas Bazán, and soon they were engaged.

En 1875 cuando Martí tenía veintidós años de edad, se le permitió salir de España. Pero no se le permitió regresar a Cuba. Se fue a México. Allí podría estar con su familia y cerca de su patria.

En México, Martí era reconocido como buen orador y como periodista. Escribió una obra de teatro que fue presentada con mucho éxito en la ciudad de México. Fue parte de un famoso grupo literario. Martí conoció a la cubana Carmen Zayas Bazán y se comprometieron al poco tiempo.

In 1877, Martí returned to Cuba. He used a false name and was able to stay for a month without being recognized by the police. But he couldn't work and he soon decided that he could do more for his country if he left it again. This time he ended up in Guatemala. He became a professor of history and literature, helped produce a literary magazine, and wrote another play. He also wrote the famous poem, "La Niña de Guatemala."

Martí returned to Mexico, and in December 1877 he and Carmen were married.

Martí regresó a Cuba en 1877. Usó un nombre ficticio y así pudo permanecer durante un mes sin ser reconocido por la policía. Pero no podía trabajar y decidió que podía hacer más por su patria si salía del país nuevamente. Esta vez fue a Guatemala. Trabajó como profesor de historia y literatura. Ayudó a publicar una revista literaria y escribió su famoso poema "La Niña de Guatemala."

Martí regresó a México y en diciembre de 1877 se casó con Carmen.

The Ten Years' War for Cuban independence ended in 1878, and José and Carmen Martí moved to Cuba.

But Martí realized very quickly that all the promises the Spanish had made to end the war were being broken. He spoke out. He said publicly that Cuba must be free. The Spanish governor said that Martí would be arrested and tried unless he announced, in the newspapers, that he supported Spain.

José Martí said, "Tell the General that Martí is not the kind of man that can be bought." Martí was then deported to Spain.

La Guerra de los Diez Años por la independencia de Cuba terminó en 1878, José y Carmen Martí se mudaron a Cuba.

Pero Martí pronto se dio cuenta de que las promesas hechas por los españoles para terminar la guerra no se cumplían. Habló acerca de esto. El dijo públicamente que Cuba debía ser libre. El gobernador español dijo que Martí sería arrestado y juzgado si no anunciaba en los periódicos que apoyaba a España.

José Martí contestó "Díganle al general que Martí no es de la clase de hombre que se puede comprar." Martí fue deportado a España.

Martí went to Spain alone. His wife stayed in Cuba with their child. Sadly, Martí's marriage did not work. Carmen wanted a safer, quieter life than they could have if Martí continued to speak out against Spain.

It wasn't long before Martí escaped from Spain. He went to New York City, and, except for some short trips to Central and South America, he stayed there for the next fourteen years. Although he kept writing his beautiful poetry, most of his time was spent organizing another revolution in Cuba.

Martí se fue a España solo. Su esposa se quedó en Cuba con su hijo. Tristemente el matrimonio de Martí no funcionó. Carmen aspiraba a una vida más segura y tranquila que la que tendrían si Martí seguía hablando en contra de España.

No mucho después Martí se escapó de España. El se fue a la ciudad de Nueva York y, excepto por unos cuantos viajes cortos a Centro y Sudamérica, permaneció allí los siguientes catorce años. Aunque siguió escribiendo sus hermosos poemas, la mayor parte del tiempo la pasó organizando otra revolución en Cuba.

The revolution began on February 24, 1895. On April 1, Martí sailed from Santo Domingo for Cuba. He had been named delegate of the Cuban Revolutionary Party, which he had founded. He had refused the title of president. A lifetime of working, planning, and hoping had gone into this try for freedom.

On April 11, Martí landed on the beach at Playitas.

La revolución empezó el 24 de febrero de 1895. El primero de abril, Martí se embarcó de Santo Domingo hacia Cuba. Había sido nombrado delegado del Partido Revolucionario Cubano, que él había formado. El había rehusado el nombramiento de presidente. Una vida plena de trabajo, planes y esperanzas habían contribuído a este intento por la libertad.

El 11 de abril, Martí desembarcó en Playitas.

The military leaders of the revolution ordered José Martí to remain in the background. His life was too valuable to be risked in the fighting. But Martí was simply not that kind of person. On May 19, the Spanish attacked. Martí rode out on his horse to fight. He was shot and killed at Dos Ríos, near where two rivers meet.

Los jefes militares de la revolución ordenaron a José Martí que permaneciera en la retaguardia. Su vida era muy valiosa para arriesgarla peleando. Pero Martí simplemente no era esa clase de persona. El 19 de mayo los españoles atacaron. Martí salió a combatir a caballo. Le dispararon y lo mataron en Dos Ríos, cerca de la confluencia de dos ríos.

Seven years after José Martí died, Cuba was free from Spain. His memory will live as long as there are people who love that country. And his poetry will live forever.

> *My poems please the valiant;*
> *Sincere and brief, my poetry*
> *Is rugged as the steel they use*
> *To forge a sword.*

Siete años después de haber muerto José Martí, Cuba obtuvo su independencia de España. Su recuerdo durará mientras haya gente que ame a ese país. Y su poesía vivirá para siempre.

> *Mi verso al valiente agrada:*
> *mi verso, breve y sincero,*
> *es del vigor del acero*
> *con que se funde la espada.*

GLOSSARY

chain gang A group of convicts who are chained together, usually because they are working outside the prison for some reason.

journalist A person who collects and presents news through the various news media.

quarry A large open pit, usually for obtaining stone, slate, or limestone.

rally A large meeting whose purpose is usually to raise the enthusiasm of those who attend.

GLOSARIO

cantera Lugar de donde se extrae piedra de construcción.

cuadrilla encadenada Brigada, conjunto de personas encadenadas que realizan juntas una misma obra.

junta Reunión de varias personas para tratar un asunto.

periodista El que tiene por oficio el escribir en periódicos.